Les Cosmogonies Égyptiennes

Sandrine ADSO

Les Cosmogonies Égyptiennes

Le patrimoine culturel égyptien est d'une grande complexité. Les caractéristiques de ce paganisme expriment à merveille les facettes des curiosités humaines.

Édition : BoD - Books on Demand, info@bod.fr
Impression : BoD – Books on Demand, In de Tarpen 42,
Norderstedt (Allemagne)
Impression à la demande
ISBN : 978-2-3225-1857-9
Dépôt légal : Février 2024
Crédit image de couverture Pixabay

Noun

Dans la mythologie égyptienne, l'Océan primordial
Est appelé le Noun ou Nouou fondamental.
Il est l'Océan qui fait la vie et qui fera la mort,
Sans créateur il s'étend autour du monde, dans le même essor.

De ce Noun, naquirent les dieux-créateurs :
Atoum, puis Rê-Amon-Khépri, dieux fondateurs
Ainsi que Thot, Sokaris, Khnoum, Ptah
Pour parler des cosmogonies égyptiennes, il faut évoquer ceux-là.

Même après la création du monde Nouou
Continue d'exister jusqu'au bout
Pour revenir un jour
Recommencer le cycle et le détruire dans la lumière du jour.

Après la création du monde, Noun a joué un rôle
Dans la destruction de l'humanité.
Cette idole
Subodorerait l'existence de Rê
Quand les Hommes ne l'ont plus obéi ni respecté.

Rê a rassemblé toutes les déesses et tous les dieux.
Noun a proposé
Que Rê jette son œil pour détruire l'humanité.
Et l'œil de Rê[1]
Sous la forme de la déesse Sekhmet voyage à travers le lieu :
L'Égypte, tuant tous les mortels.
Sans crainte, puisqu'elle est immortelle.

Noun est représenté comme un homme barbu
Avec un corps bleu ou vert nu,
Symbolisant l'eau et la fertilité.

Parfois il est aussi montré
Avec des seins.
Dans une de ses mains,
Il tient un tronc de palmier
Symbole de longue vie
D'infini
Et en porte encore un dans ses cheveux.
Telle est la représentation de ce dieu.

---

[1] Dans le *Mythe de l'œil du soleil* (littérature démotique), l'œil de Rê ou œil de Râ symbolise la déesse Sekhmet (ou Tefnout), partie s'exiler en Nubie. Thot la ramènera en Égypte en la séduisant avec des fables animalières moralisantes.

La grande diversité du culte de l'Égypte antique
Se retrouve également dans les mythes génésiques
Qui varient en fonction
Des régions.

Issu du Noun, l'océan primordial ou la pierre originelle
Émerge le dieu créateur qui peut jaillir sous trois formes substantielles :
Rê, le soleil,
Khépri, le dieu à tête de scarabée
Ou encore Atoum, l'être achevé.

Ainsi le clergé égyptien s'éveille
Expliquant que l'astre solaire pouvait revêtir
Des formes différentes à chaque nouvel avenir.
Lors de sa course dans le ciel :
Khépri était le soleil levant
Tandis que Rê était le soleil à son zénith dans le ciel
Et Atoum, le soleil couchant.

Atoum, se masturbant
Met au monde Shou, le sec et de son crachat
Naît sa sœur, Tefnout l'humide. De ces deux enfants là
Naît le couple : Nout le ciel et Geb la terre.
Viennent ensuite Osiris, Isis
Seth et Nephtys.

Il s'agissait d'un groupe de huit divinités
Symbolisant les forces primitives qui régnaient
Avant la création.

Cette association mythique se composait
De quatre couples divins représentant en fusion,
Les quatre entités primordiales sous la forme masculine
Et à la fois sous la forme féminine :
Noun[2], représentant l'eau primordiale
L'océan initial.
Hehou[3], personnifiant l'infinité spatiale
Associée à l'Océan primordial.
Kekou[4] symbolisant les ténèbres de l'obscurité,
Amon[5] incarnant *"ce qui est caché"*,
"Ce qui ne peut se voir mais qui se ressent".

D'après la légende, ces divinités également
Perçues comme une entité unique,
Étaient considérées comme les pères et les mères
De l'astre solaire.

En effet, à partir de leur semence organique
Ils parvenaient à féconder le lotus qui donne naissance à Râ.

Cette conception de la création du monde naquit à l'endroit
D'une ville nommée Hermopolis par les grecs anciens.
Cet endroit s'appelait Khemenou[6] en égyptien.

L'origine de ces divinités primordiales variait
Suivant la localité.

Par exemple à Thèbes, les prêtres imaginaient l'Ogdoade[7] comme sortie
D'un œuf, lui-même issu du Noun l'infini.

À Hermopolis, la vision était sensiblement différente :
Les Huit se seraient créés eux-mêmes à partir des forces entrantes
Primordiales qu'ils sont censés incarner.

Au niveau des représentations, l'Ogdoade d'Hermopolis était
La plupart du temps
Symbolisée par des hommes et des femmes avec respectivement
Des têtes de grenouille et de serpent.

Les hommes portaient un étui phallique
Attaché à une ceinture
Tandis que les femmes étaient couvertes d'une longue robe magnifique
Par nature.

Aucun élément ne permettait
De distinguer l'identité d'une divinité.

---

[7] Selon les théologiens de la ville d'Hermopolis, dans l'Égypte ancienne, groupe de huit dieux qui existaient avant toute création et qui personnifiaient les éléments du chaos primordial. Sur le tertre émergé du dieu Noun, ils façonnèrent l'œuf d'où sortit le Soleil.

Ils se présentaient par couple, mais possédaient
La même apparence.
Parfois, cette représentation typique connaissait des variances
Et on retrouvait *Les huit* coiffés d'un scarabée[8]
Ou d'un disque solaire auréolé[9].

Les positions pouvaient aussi différer,
Montrant nos divinités dans une position d'adoration,
Bras levés, en direction
Du dieu solaire, tout juste sorti de son lotus de naissance.

En outre, sur le temple d'Hibis à Kharga,
Il semblerait que l'ogdoade ait été représentée en magnificence
Sous la forme d'une entité unique possédant de cette façon là
Quatre paires de têtes.

La toute première mention
De cette conception de la création
S'interprète,
Dans les *Textes des Pyramides* et date de l'ancien empire[10].
Cependant, ce ne fut qu'à la Basse époque marquée
Par toutes les invasions qui s'ensuivirent
Que la tradition hermopolitaine se vit développée
Sous l'impulsion des théologiens thébains.

---

[8] Pour les dieux.
[9] Pour les déesses.
[10] De la IIIème à la VIème dynastie.

Comme beaucoup de divinités créatrices, un beau matin
Une fois leur rôle terminé,
Les Huit finissaient par mourir
Et partaient selon la légende, rejoindre leur dernière demeure
À la gloire de leur dernière heure,
Sous la butte de Medinet-Habou, *"unis avec l'éternité"*.

À cet endroit, d'autres dieux leur rendaient
Visite afin de leur témoigner
Les hommages qu'ils méritaient.

L'ogdoade d'Hermopolis

Est l'ensemble formé
Par les huit génies d'Hermopolis qui ont jailli des flots glacés :
Le Noun, océan primordial
Qui précède l'existence du monde initial
Selon les Égyptiens.

Inclus initialement dans ce monde ancien
Informe et désincarné,
Ils finirent par former
La volonté de création initiale
Qui donnera la première étincelle de vie.

Ils se sont alors regroupés en quatre couples unis
Formés chacun d'un dieu et de son pendant féminin ;
Et sont la personnification
Des éléments du chaos qui ont précédé la création
Ainsi vient :
Heh et Hehet, l'infinité spatiale
Kehou et Kekout, les ténèbres profondes, l'obscurité
Noun et Nounet, le couple de l'eau initiale
Amon et Amonet, ce qui est caché.

Des têtes de grenouilles pour les entités masculines,
Des têtes de serpents pour les entités féminines.

Un texte d'Edfou relate leur apparition
Et son effet initial sur le monde et son organisation :
"Au sein de l'océan primordial
Apparut la terre émergée en latence.
Sur celle-ci, Les Huit vinrent à l'existence.
Ils firent apparaître un lotus original
D'où sortit Rê, assimilé à Shou.
Puis il vint un bouton de lotus d'où émergea en tout et pour tout,
Une naine, auxiliaire féminin nécessaire
Que Rê vit et désira.
Ils s'accouplèrent.
De leur union naquit Thot qui créa
Le monde par le verbe".

Depuis leur œuvre de création, telle une magnifique gerbe,
Ces huit dieux initiaux reposent dans le monde souterrain[11]
Traditionnellement située sous le sanctuaire divin
Du petit temple de la XVIIIème dynastie que l'on peut encore visiter.
Ces Huit se chargeaient
Du lever quotidien du soleil ou du cours du Nil.

Et ce fut Hermopolis qui devint la ville
Portant aussi le nom égyptien de Khéménou.

---

[11] Sous la butte de Médinet Habou.

Le concept d'ogloade apparaît aussi dans tout
Le système métaphysique du gnoticisme de Valentin.
Il représente plus ou moins
La somme des huit sphères célestes concentriques
Qui sont au-dessus du monde tellurique
Et en dessous du plérôme[12], ces sphères sont les planètes proches de la terre
Ainsi : la Lune, le Soleil, Mercure, Vénus, Mars, Jupiter
Saturne, et des étoiles fixes.
À chacune de ces sphères est associé un ange[13] prolixe.

Valentin associe également à chaque ogdoade, un concept divin ou éon[14],
Qui sont respectivement des éléments de la création :
Le Pro-Père[15], la profondeur[16], la pensée : Emoia
Le silence[17], l'intellect[18], la vérité : Aletheia
Le Verbe[19], la vie[20], l'Homme[21] et l'Église : Ekklesia.

---

[12] Plérôme est un terme provenant du grec ancien : πλήρωμα qui signifie « plénitude ». Il désigne également le monde céleste, formé par l'ensemble des éons que le croyant gnostique pense qu'il atteindra à la fin de son aventure terrestre.

[13] Par définition.

[14] Chez les gnostiques, Puissance éternelle émanant de l'Être suprême et par laquelle s'exerce son action sur le monde.

[15] Propator.

[16] Bythos.

[17] Sige.

[18] Nous.

[19] Logos.

[20] Zoé.

[21] Anthropos.

Ces éons vont par syzygies[22] dans l'ordre où elles sont listées
Et chaque paire engendre la suivante.

---

[22] En astronomie, une syzygie est une situation où trois objets célestes ou plus sont en conjonction ou en opposition. Ce mot est généralement utilisé pour le Soleil, la Terre et la Lune ou une planète.

Ptah[23]

Est un dieu égyptien de la ville de Memphis au sud du Caire,
Considéré comme le verbe créateur du monde et de la terre
Il est représenté comme un homme, le crâne rasé
Le corps serré dans un linceul, les mains tenant l'ouas[24] sacré.

Dieu des artistes, des architectes et des artisans.
Dans la triade de Memphis, il est l'époux de Neith et deviendra tardivement
Celui de Sekhmet, aussi crainte qu'admirée.
Il est le père de Néfertoum, dieu de la résurrection et de l'immortalité.

Ptah est le patron de la métallurgie, de la sculpture, de la construction
Également le patron
Des chantiers navals
Et des charpentiers en général.

Ptah est le dieu impérial
Avec Rê sous l'ancien empire[25].
Présents dans de nombreux avenirs.

---

[23] Celui qui crée.
[24] Sceptre.
[25] L'Ancien Empire égyptien est une période de l'histoire de l'Égypte antique qui couvre une large partie du troisième millénaire avant notre ère.

Il est probable que le clergé de Memphis
Soit entré en lutte avec celui d'Héliopolis[26],
Prenant de plus en plus l'ascendant sur la famille royale.
Il devient l'un des cinq grands dieux optimal.
Avec Rê, Isis
Amon et Osiris.

Il porte plusieurs épithètes qui qualifient ses rôles
Dans la mythologie égyptienne faite d'idoles,
Ainsi que son importance dans la société :
Ptah au beau visage, la beauté
Ptah, maître de vérité
Ptah, maître de justice et d'équité
Ptah, maître des jubilés
Ptah, maître de l'éternité
Ptah, qui écoute les prières, le dévoué.

Ptah est le dieu créateur par excellence :
Il est considéré comme le démiurge par essence.
Qui existe avant Tout
Et qui par sa volonté a créé le monde.

Il l'a d'abord conçu par la pensée avant tout
Puis réalisé par le verbe, en quelques secondes :

---

[26] À partir de la fin de la IVème dynastie.

"Ptah conçoit le monde par la pensée de son cœur
Et lui donne la vie par la magie de son verbe, il est ainsi auteur.
Ce que Ptah a ordonné,
A été créé ;
En lui les constituants de la nature, faune et flore sont contenus".

Il joue également un rôle dans la préservation de l'univers
Et la permanence de la fonction royale et de ses tribus.

Comme beaucoup de divinités de l'Égypte d'hier
Il prend diverses formes morphologiques.
Ainsi sous la forme de Ptah-Pathèque, il est représenté
Comme un nain nu et déformé,
Dont la popularité ira grandissante au cours des années
Au sein de l'Égypte antique.

Fréquemment associé au dieu Bès, son culte dépasse les frontières du pays
Et est exporté à travers toute la Méditerranée orientale qu'il enrichit.

Ptah est représenté sous les traits d'un homme à la peau verte,
Enserré dans un suaire à sa peau offerte
Portant la barbe divine et tenant un sceptre, associant
Trois symboles puissants :
Le sceptre Ouas, le signe de vie ânkh, le pilier djed, essentiels.

Ces trois symboles combinés indiquent les trois pouvoirs créateurs du dieu :
La puissance[27], la vie[28], la stabilité[29], pouvoirs éternels
Puissants et pour les ennemis dangereux.

Dès l'ancien empire, il absorbe vite
Les apparences de Sokaris et de Taténen, anciennes divinités
De la région memphite.

Sous sa forme de Sokaris, on le retrouve figuré, enserré
Dans son linceul blanc,
Soit hiéracocéphale
Soit androcéphale,
Coiffé de la couronne atef, attribut d'Osiris, le bienfaisant.

En cette qualité, il incarne le dieu des nécropoles de Saqqarah
Et des autres sites célèbres où furent érigées les pyramides des rois.

Peu à peu, il formera ainsi avec Osiris,
Une nouvelle divinité que l'on nommera Ptah-Sokar-Osiris.

Des statuettes le représentant sous sa forme mi-homme, mi-faucon
Ou simplement sous sa forme de faucon
Seront alors systématiquement déposées
Dans des tombeaux, afin d'accompagner et de protéger
Les défunts, dans leur voyage vers l'occident.

---

[27] Ouas.
[28] Ânkh.
[29] Djed.

Sous sa forme de Taténen, il est représenté en homme jeune et vigoureux
Dans le corps et le tempérament,
À la fois, les deux.
Coiffé d'une couronne à deux hautes plumes qui encadrent un disque solaire
Il incarne alors le feu souterrain qui gronde et soulève la terre.

Sous cette forme également,
Ptah est le maître des Heb Sed[30] ou maître des jubilés.

Si le dieu Ptah a pu être opposé
Au dieu solaire Atoum ou Rê[31],
Il incarne toutefois l'essence divine dont le dieu solaire s'est nourri
Pour venir à l'existence, c'est-à-dire pour naître
Pour être et apparaître
À la vie[32].

Enfin, Ptah s'incarne dans le taureau Apis[33], sacré
Ptah sera assimilé à Vulcain
Par les Romains.

En tant que dieu des artisans,
Le culte du dieu Ptah s'est rapidement
Répandu dans toute l'Égypte depuis ses fondements.

---

[30] Cérémonie sanctionnant traditionnellement les trente premières années du règne de Pharaon.

[31] Lors de la période amarnienne.

[32] Selon les textes mythologiques memphites.

[33] Apis est le nom grec d'un taureau sacré de la mythologie égyptienne vénéré dès l'époque préhistorique. Les premières traces de son culte sont représentées sur des

Avec les grands chantiers royaux de l'Ancien Empire,
Ses grands prêtres étaient particulièrement sollicités
Et œuvraient de concert avec le vizir.

Avec la troisième période intermédiaire[34], le dieu est recentré
Au centre de la monarchie,
Le couronnement de Pharaon à nouveau établi
Au sein du temple qui lui est attribué.

Certains des grands prêtres épouseront même des princesses de sang,
Indiquant clairement le rôle éminent
Qu'ils jouaient à la cour des Lagides[35].

gravures rupestres, il est ensuite mentionné dans les *textes des pyramides* de l'Ancien Empire et son culte perdura jusqu'à l'époque romaine. Apis est symbole de fertilité, de puissance sexuelle et de force physique.

[34] La Troisième Période Intermédiaire de l'Égypte ancienne a commencé avec la mort du dernier pharaon du Nouvel Empire, Ramsès XI, en 1070 avant J. - C., et s'est terminée avec le début de la période postdynastique. La Troisième Période Intermédiaire a été marquée par le déclin et l'instabilité politique.

[35] En Égypte, les Lagides étaient les successeurs des pharaons ; à l'extérieur, ils agissaient en souverains grecs ; leur domaine s'étendit à la Cyrénaïque, la Syrie du Sud, Chypre. Ils dominèrent les îles de l'Égée, la Cilicie, de nombreuses villes littorales jusqu'à la Propontide.

La grande diversité du culte de l'Égypte antique
Se retrouve également dans les mythes génésiques
Qui varient en fonction
Des différentes régions.

Il est écrit qu'au début du temps original
Ptah, le démiurge, issu de Noun, l'océan primordial,
Prit conscience de son existence.

Puis, il prit le limon de la terre, en fit une semence :
Créant et modelant l'humain.

Aussitôt son œuvre créatrice terminée,
Il céda la place à son successeur le soleil Rê.

Rê, seigneur d'Heliopolis, divin
Parcourt chaque jour son domaine
Disposant à l'humanité, dons et bienfaits.

Rê, vieillissant, s'affaiblit et sans haine
Isis utilise un subterfuge et lui vole son plus précieux bien :
Son nom secret,
Par cette fourberie, elle devient *la grande magicienne*
Et surpasse les autres divinités.

Les malheurs ne s'arrêtent pas là : les hommes se mettent à comploter
Et à se révolter.

Il dépêche Sekhmet afin d'exterminer les révoltés.
La déesse à tête de lionne massacre sans pitié :
"Lorsque je meurtris les hommes mon cœur est en liesse".

La nuit venue, elle s'endort, sans tristesse.

Voyant le carnage, le dieu solaire est pris de pitié,
Et décide d'épargner les survivants, selon sa volonté :
Il fait mélanger au sang humain
Du suc de mandragore et de la bière,
Le répand autour de la déesse qui à son réveil s'en désaltère
S'enivre et oublie ses crimes inhumains.

Fatigué de régner, Rê abdique
Léguant on ne sait comment à Isis, ses pouvoirs magiques.

Nous disposons d'une stèle précieuse, la pierre de Chabaka
Retrouvée à Memphis et qui date de Chabaka,
Pharaon de la XXVème dynastie.

Il y est indiqué que le roi écrivit
Dans la pierre un très ancien texte retrouvé
Parmi les archives de la bibliothèque du temple de Ptah,
Le plaçant ainsi en tant que démiurge, créateur de tout ce qui est
Préexistant aux premiers jours du monde,
Parmi les forces chtoniennes, du Noun : l'océan des premières fois.
D'un univers à la fois, terre et eau, ronde.

Une fois venu au monde, Rê engendra l'Énnéade[36].

---

[36] L'Ennéade est le groupe des neuf divinités de la mythologie égyptienne rassemblant toutes les forces présentes dans l'univers : le démiurge Atoum, l'humidité Tefnout, l'air Shou, la terre Geb, le ciel Nout, Osiris, Isis, Seth et Nephthys.

Il fut le dernier dieu de l'Égypte ancienne
Et cependant son origine fut la plus obscure.
Mais appartient bien à l'Énnéade égyptienne.

Il n'était à l'Ancien Empire qu'un …murmure :
Le dieu d'un petit village quasi-inconnu et perdu dans la nature.

La première mention de son nom
Est attestée dans les Textes des Pyramides[37]
Puisque les pharaons
De la XIème dynastie élucident
L'élévation du dieu Amon à la dignité de dieu dynastique.

Pourtant il faudra attendre le Nouvel Empire
Pour que son règne soit absolu et rendu authentique.
Ainsi viendra par la suite, l'avènement des nouveaux dieux à venir.

Ce fut la ville de Thèbes et ses deux grands temples de Karnak et de Louxor
Qui diffusèrent ce nouveau culte encore.

---

[37] Les Textes des pyramides sont les plus anciens écrits religieux connus à ce jour. C'est la somme des conceptions funéraires des Égyptiens de l'Ancien Empire, c'est-à-dire d'il y a quatre mille cinq cents ans.

L'origine d'Amon est mystèrieuse, pour les uns
Il serait l'un
Des huit dieux de l'ogdoade d'Hermopolis
Dont la parèdre serait Amaunet, avec qui il eut un fils[38].

Pour les autres, il serait un dieu des vents et de l'air
Et c'est de la Moyenne Égypte qu'il serait originaire.

L'originalité de la pensée thébaine
Vient du fait qu'elle combina des éléments qui pérennent
Dans les différentes cosmogonies qui l'auraient précédée :
Memphite, héliopolitaine
Et hermopolitaine.

On raconte qu'à l'auve du monde Kematef[39], le serpent ailé
Émergea à l'endroit même de Thèbes depuis le Nouou.

Il mit au monde Irta[40] qui entreprit de forger l'univers de bout en bout :
Il engendra la terre et les huit dieux principaux,
Ceux-ci se rendirent à Héliopolis pour faire venir au monde le Soleil haut,
Atoum et Ptah ;
Épuisés, ils retournèrent à Thèbes où ils s'endormirent à jamais
Aux côtés de Kematef et d'Irta.

---

[38] Khonsou.
[39] Celui qui accomplit son temps.
[40] Celui qui a fait la terre.

Élargissant leur pensée,
Les prêtres thébains déclarèrent qu'Amon
Sous les traits de Kematef posait sa manifestation.

La personnalité d'Amon allait évoluer au fil du temps
Et son culte s'enrichir d'emprunts différents.

Dès la XIIème dynastie, il devint Amon-Rê,
Sous l'influence héliopolitaine précédemment évoquée,
Mais les prêtres thébains lui donnèrent aussi les traits extérieurs
De Min de Coptos accentuant encore un peu plus le caractère générateur
Du dieu[41].

À la XIXème dynastie, Amon-Rê était devenu le grand dieu
De l'Empire et régnait sur toutes les autres divinités.

Représenté sous la forme d'un bélier,
Sa toison dorée évoquait la lumière
Celui qui règne de façon princière
Sur Éléphantine, le dieu Khnoum, ordonnateur de la crue,
Et voilà Amon devenu :
Khnoum-Rê.

De son nom qui voulait dire *"Le caché"*
Le dieu thébain en tira l'expression de sa personnalité.

---

[41] Devenant ainsi Min-Amon-Rê-Kematef.

La nature même d'Amon était d'échapper à l'entendement
Et, cette caractéristique empêchait
Pour quiconque de connaître l'essence du dieu vivant.

Mais si sa personne était unique, ses apparences, elles
Étaient multiples selon le caractère que l'on voulait mettre en avant :
Aspect solaire, il devint Amon-Rê,
Et aspect générateur, il devint Khnoum-Rê.

Ce jeu subtil permit à Amon d'imposer son caractère universel
Dans l'Égypte entière traditionnelle.

Lors de la XVIIIème dynastie, les prêtres thébains[42],
Créérent une famille à Amon :
Une triade vit ainsi le jour, un matin égyptien
Composée de Mout, sa parèdre, et de Khonsou leur rejeton.

---

[42] Comme l'avaient fait les prêtres memphites pour Ptah.

Amon est d'abord un dieu de Haute Égypte, peu connu
Mais quand Thèbes devint la capitale au Moyen Empire, il est devenu
Comme le père des dieux.

Il peut prendre la forme d'un homme ou d'un bélier,
Amon est l'une des principales divinités
Du panthéon Égyptien[43]
Sacré, antique et majestueux.

Son nom *imen "l'inconnaissable"* ou *"le caché"*
Traduit l'impossibilité
De connaître sa *"vraie"* forme,
Car il se révèle sous des aspects multiformes :
Il est imen *achâ renou*[44], sous la forme d'une oie,
L'un de ses animaux symboliques, il pondit l'œuf primordial
D'où sortit la vie, une première fois.

Sous la forme d'un serpent, il fertilisa
L'œuf cosmique façonné dans les eaux primordiales.

Les Textes des Pyramides, le mentionnent parmi les divinités protectrices
Du roi défunt et au Moyen Empire il s'immisce
Dans la région de Thèbes, où il finit par supplanter Montou.

---

[43] Dieu de Thèbes.
[44] Amon aux noms multiples.

Les théologiens thébains lui assignent une nouvelle parèdre, Mout, lionne ou vautour
Et un fils le dieu lunaire khonsou,
Avec lesquels il forme la triade thébaine.
Ce dieu vivra, comme les autres dieux sous la tutelle de Rê, dieu du jour.

On peut le retrouver aussi sous la forme humaine
Ou d'un bélier portant les insignes pharaoniques égyptiennes.

Cet animal sacré pour les thébains est considéré
Comme l'emblême vivant du dieu sur terre.
Pour lui, sera délivré culte et prières.

Il n'est pas représentable comme l'indique son nom *"le caché"*.
C'est pourquoi on le représente comme le pharaon, mais
Coiffé d'une couronne à mortier
Surmontée de deux hautes plumes verticales et les chairs peintes en bleu.

Il est assimilé à Min le dieu de Coptos en raison de sa peau noire ;
Ainsi il est un dieu
Multiforme et accueillant pour les différents avatars.

Il est associé à l'oie[45], et au bélier[46]
Ainsi, devant l'entrée
De son temple de Karnak s'étend une allée
De sphinx criosphinx ou criocéphales, symboles de sa puissance créatrice.

---

[45] Smn.
[46] *Šft.*

D'abord dieu local de Thèbes, l'accession de la XIème dynastie
D'origine thébaine et plus particulièrement des Amenemhat[47] : Amon est devant.
Elle fera de lui
Le roi des dieux, seigneur vivant
Des trônes du Double Pays.

Pendant la XVIIIème dynastie, Amon devient la divinité
Nationale par excellence de l'Égypte unifiée,
Qui a permis la victoire d'Ahmôsis sur les envahisseurs[48].

Il est alors associé à Rê[49], de bonne heure
Et devient le dieu cosmique Amon-Rê[50].

Il est dit aussi que *"les dieux se prosternent à ses pieds*
Tels des chiens quand ils reconnaissent la présence de leur seigneur".

Il est aussi associé à Min,
Dieu de Coptos, sous le nom d'Amon-Min
Dans lequel il s'incarne en divinité de la fécondité.

Il compose enfin avec Ptah et Rê
Le groupe des trois grands dieux égyptiens.

---

[47] Imen est en tête de la XIIème dynastie.
[48] Hyksôs.
[49] Dieu soleil d'Héliopolis.
[50] L'éternel, le seigneur de Karnak, créateur de ce qui existe, maître de tout, établi directement en toutes choses.

À côté de cet Amon dynastique, inaccessible au commun
Des mortels, il existe un Amon ressenti comme moins distant
Peut-être plus prévenant ;
Et prêtant une oreille attentive aux pauvres, aux malades, qui peuvent l'approcher
Lors des grandes festivités religieuses, dont la fête d'Opet qui voyait
La procession des barques sacrées
De la triade thébaine : Amon, Mout et Khounsou
De Karnak à Louxor.
La triade des dieux qui resteront debout.

C'est à l'époque archaïque grecque que l'Amon
Égyptien est assimilé à un Zeus d'ivoire et d'or.
Ce sont les Cyrénéens qui le feront
Connaître au monde héllénistique[51],

Son sanctuaire prophétique
À l'oasis de Siwa est le troisième en importance
Après Delphes, Dodone sans aucune violence.

Alexandre le Grand s'y fit proclamer
Fils d'Amon-Zeus[52].

---

[51] En tant qu'Amon-Zeus.
[52] En -331.

Atoum

Ou Toum est un dieu de la mythologie Égyptienne
Dans laquelle il est évoqué de façon souveraine.

Originaire de la ville d'Heliopolis
Il y était particulièrement vénéré, et y recevait des offices.

Atoum dit : *"J'étais solitaire dans le Noun et inerte.*
[Autour de moi, tout était perte].
Je ne trouvais pas d'endroit où je puisse me tenir debout
[Autour de moi, tout était sans dessus, dessous],
Je ne trouvais pas de lieux où je puisse m'asseoir
[Et peu m'importait du jour ou du soir]
La ville d'Héliopolis où je devais résider n'était pas encore fondée,
Le trône sur lequel je devais m'asseoir n'était pas encore formé.
Je n'avais pas encore créé
Nout au-dessus de moi,
La première corporation de Dieu [n'était pas encore là].
L'Énnéade des dieux primordiaux n'existait pas,
Ils étaient encore en moi…".

Atoum[53] naît de façon autogène de Noun : l'océan primordial
S'en distingue et vient à l'existence
En prenant de lui-même conscience.
Il apparaît sur Benben, la colline primordiale.

---

[53] *« Celui qui advient de lui-même ».*

"J'ai amené mon corps à l'existence grâce à mon pouvoir magique.
Je me suis créé moi-même [unique],
Je me suis constitué
Selon mon [souhait]".

Atoum occupe la place du démiurge : il ne crée pas le monde ex nihilo,
Mais façonne les êtres à partir de la matière préexistante et les sépare.
C'est lui qui de sa semence engendre le premier des couples primordiaux.
Shou et Tefnout d'où descend toute l'histoire,
Des principaux dieux.

Le récit de la création du premier couple divin[54] a en effet bien lieu :

Atoum n'ayant aucun partenaire pour procréer
Le dieu créateur s'est littéralement masturbé ;
Et c'est de sa semence que naissent le dieu masculin[55] et sa sœur jumelle[56].

---

[54] Jumeau et sexué.
[55] Le dieu masculin : Shou.
[56] La déesse féminine : Tefnout.

Les Textes des Pyramides[57] évoque ainsi l'essentiel :
"Atoum se manifesta en tant que masturbateur dans Héliopolis.
Il saisit son membre et y suscita la jouissance [faisant vivre son pénis]".

À l'époque saïte, le propos fut édulcoré
"La Dorée, la divine main" "refermée sur la semence divine" et fécondée
Était devenue une belle jeune femme à regarder.

Selon une autre version[58] c'est par son crachat
Qu'il leur donna naissance depuis l'au-delà.

Enfin, une dernière légende dit qu'il engendra ses enfants
De sa simple parole, en les nommant.

Ou encore que ce sont des larmes d'Atoum, pleurant
À la suite de l'éloignement
De ses enfants
Lors de la disparition de son œil que seraient nés les humains.

---

[57] Les Textes des pyramides sont les plus anciens écrits religieux connus à ce jour. C'est la somme des conceptions funéraires des Égyptiens de l'Ancien Empire, c'est-à-dire d'il y a quatre mille cinq cents ans (même plus, si l'on considère que ces conceptions ont dû naître antérieurement, avant d'être retranscrites sur la pierre). Ces textes, d'abord uniquement inscrits dans les pyramides des rois, vont ensuite aussi figurer dans celles de leurs reines à la fin de l'Ancien Empire. Certaines formules se retrouvent au Moyen Empire dans le corpus des Textes des sarcophages. Dans les pyramides à textes, ces écrits sont gravés en colonnes sur les murs des corridors, des antichambres et des chambres funéraires. Les murs qui entourent le sarcophage ne portent généralement pas de textes. Les plafonds sont couverts d'étoiles. Il semble que la pyramide la plus tardive inscrite partiellement avec les textes des pyramides soit celle du « chef des scelleurs » Rêhérychefnakht, dans la nécropole entourant la pyramide de Pépi Ier.
[58] Issue des textes des sarcophages.

À l'origine, Atoum est le dieu Soleil et il devient
Rapidement assimilé à Rê,
Qui finit par le remplacer
Dans le panthéon Égyptien.

Selon l'égyptologue Isabelle Franco, Atoum n'est que le principe
Tandis que Rê est le moteur, après l'incipit.

Sous le nom de Atoum-Rê et sous l'aspect
D'un vieillard courbé
Il incarne le soleil couchant[59] :
"Je suis Khépri le matin, Rê à midi, Atoum le soir".

Il a ainsi plusieurs visages différents
Et c'est à chaque fois, une nouvelle histoire.

Dieu d'Héliopolis ayant pour animaux sacrés
L'anguille ou le serpent aux crocs envenimés
Est généralement représenté
Sous l'apparence d'un roi coiffé de la double couronne[60]

---

[59] Dans la triade d'Héliopolis.
[60] De Haute et Basse-Égypte.

Tenant dans les mains, le sceptre[61] et la croix[62].
Il était à la fois
Celui qui prend et celui qui donne.

Le taureau Mnévis était son incarnation terrestre
Choisi par les prêtres selon des critères très stricts,
Le taureau sacré était sous séquestre
Dans le temple d'Héliopolis et, à sa mort tombait le verdict
Qu'il devait être enterré avec tous les honneurs.
Les animaux avaient aussi droit à l'ultime demeure.

Selon Nicolas Grimal, le pharaon Képhren aurait fait du sphinx de Gizeh
Une hypostase d'Atoum, la fameuse divinité
Dont il aurait considérablement développé la théologie.

Il relève également une certaine opposition
Entre Atoum et Rê qui n'a été résolue que par assimilation
Des deux divinités qu'à la Vème dynastie.

---

[61] Ouas : Ouas est le nom d'un sceptre royal dans l'Égypte antique. À l'origine, il s'agissait d'un bâton à l'extrémité inférieure fourchue, destiné à capturer les serpents pour extraire leur venin. Connu depuis l'époque archaïque, il est orné à son extrémité supérieure de la tête de Seth sous les traits d'un canidé stylisée.

[62] ☥ : l'ansée, croix de vie, clé de vie, croix égyptienne, croix du Nil, est un hiéroglyphe représentant le mot ʿnḫ, qui signifie « vie ». Il était utilisé par les Égyptiens pour symboliser la vie. Les Égyptiens pensaient que leur séjour sur Terre n'était qu'une partie d'une vie éternelle plus grande. La croix de vie symbolise donc non seulement l'existence mortelle sur la Terre, mais également leur existence immortelle dans l'après-vie. Ses origines et significations ne sont pas certaines.

Ou Tefnut ou Tefnet ou Tphenis,
Déesse de la mythologie Égyptienne
Fait partie de la grande Énnéade d'Heliopolis.

Selon la mythologie héliopolitaine,
Elle naquit tout comme son frère jumeau[63]
Du dieu Atoum, le créateur (aussi puissant que beau)
Tefnout et Shou forment ainsi le premier couple divin.

Cette naissance est citée dans les Textes des Pyramides,
L'un des corpus religieux les plus anciens.

À la ligne quatre cents soixante-cinq des Textes des Pyramides
Couvrant les parois du caveau de Pépi Ier
Il est précisé
Que Shou et Tefnout sont issus de la semence
Du dieu Atoum qui les a créés.

---

[63] Qui sera aussi son parèdre Shou ou Chou.

La scène de la masturbation est mise en évidence :
"Atoum se manifeste à Héliopolis
En grande excitation. Il saisit son pénis
Et fit avec sa main en sorte de s'accorder du plaisir.
Les jumeaux Shou et Tefnout venaient d'être mis en devenir,
Chacun avec son Ka[64]*"*.

Plus tard dans la version de la cosmologie héliopolitaine, encore une fois
La création des dieux jumeaux met en scène le dieu Khépri[65]
Avec lequel les dieux Atoum et Rê s'identifient.

Alors Khépri dit : *"Je me suis uni*
À ma main
Et j'ai embrassé [incertain]
Mon ombre dans une étreinte d'amour.
J'ai versé ma semence dans ma bouche [un certain jour]
et l'ai crachée sous la forme des dieux Shou et Tefnout [un autre jour]".

Tefnout est la première divinité féminine
À venir, selon la conception divine
À l'existence dans l'univers,

---

[64] Élément constitutif de la personne représentant sa force vitale, dans la mythologie égyptienne.

[65] Khépri (*Le soleil en devenir*) est une entité de la mythologie égyptienne associée au soleil et symbole de la renaissance. Il est représenté par un homme à tête de scarabée ou comme un scarabée poussant devant lui le disque solaire. Il renaît chaque matin avant de devenir Rê, le soleil à son zénith, puis Atoum, le soleil couchant. Khépri, dont le nom signifie celui qui vient à l'existence, était adoré à Héliopolis. Aux côtés de Rê et d'Atoum, il forme la triade d'Héliopolis.

Et avec son époux Shou assure la toute première
Procréation sexuée.

Ayant le soleil comme coiffure elle est le symbole de la fournaise d'été
Tandis que Shou,
Son frère et époux
Est celui de l'air, de la lumière et de la vie.

Les deux entités sont complémentaires
Et indispensables au cycle du renouveau de la vie
Et dans l'esprit des anciens égyptiens
À l'assurance que chaque matin le dieu soleil pouvait renaître à l'infini.
Et effectivement, l'infini paraîssait chaque matin.

De leur union naquirent les deux autres jumeaux :
Geb, la terre et Nout, le ciel.
Ils représentent ainsi avec leurs deux enfants providentiels
Les quatre éléments primordiaux.

Tefnout que l'on associait aussi à la pluie,
À la rosée, aux nuages
Était le symbole de l'eau et de son pouvoir créateur, l'image
La source de vie.

Elle est le complément de son époux
Le dieu Shou.

Elle était honorée à Oxyrhynque et on la représentait
Sous la forme d'une femme à tête de lionne,
Avec un disque solaire sur la tête ou d'une lionne.

À Léontopolis, Chou et Tefnout sont vénérés
Sous la forme d'un couple de lion.

Le nom du dieu peut être traduit de diverses manières :
Il semble dériver d'une racine primaire,
Shouy, signifiant soit le vide, la vacuité
Soit se lever, soulever.

Le même terme est attesté
Dans le langage courant,
Depuis le Moyen Empire, avec le sens *"lumière"*.

Shou peut donc se traduire comme *"air lumineux"* dans toutes les sphères,
"Vibration radieuse et vivifiante", le terme Shou-Rê
Correspondant à *"plumes de lumière"*.

Son nom contient également l'idée de *"lever"*, *"soulever"*
Ce qui correspond également à une des fonctions de Shou,
Sous-entendu Nout le ciel debout.

Personnification de l'air, Shou est presque toujours représenté
Antropomorphe, comme tous les dieux cosmiques.

En relation avec Rê, il peut prendre la forme d'un lion,
Ou très rarement, celle d'un homme léontocéphal,
Vêtu de l'habituel cosmique
Des dieux égyptiens, considérés comme légion.
Il devient dès lors primordial.

Il tient le sceptre Ouas et le signe de la vie.
Ses couleurs sont le rouge et le bleu-nuit.

Aucun animal n'est particulièrement consacré à Shou,
Mais le bélier de Mendès est considéré comme son Ba[66].

Shou est le premier dieu exclusivement mâle,
Père de Geb et Nout
Nés de la déesse Tefnout.

Dieu cosmique et membre de l'Énnéade fodamentale,
Shou est attesté, dès les Textes des Pyramides comme maître de l'air.

Il en est la substance vivifiante, le souffle vital
Principe de vie primaire
Qu'il est censé transmettre aux morts
Qui espèrent son intervention.

---

[66] Le ba, une autre entité spirituelle, était considéré comme un oiseau à tête humaine planant au-dessus du défunt ou sortant du tombeau dans les hiéroglyphes, et était la partie de l'âme qui pouvait voyager entre le monde des vivants et celui des morts. À l'époque des pyramides, on croyait que seul le roi avait un ba. Le mot ba était similaire au mot « bélier » et était associé à la force et au pouvoir. Dans les périodes ultérieures de l'histoire égyptienne, on croyait que chaque personne possédait un ba. Les ba avaient également besoin de nourriture pour se déplacer et survivre dans l'au-delà. Il existe des images des *Livres des Morts de Ramesside* qui montrent le ba perché sur le bras du défunt, ou serré contre son corps, comme un perroquet domestique. Les petites pyramides construites au-dessus des chapelles funéraires de Deir el Médina contenaient une petite niche près du sommet, où le ba pouvait se percher pour regarder le lever du soleil et observer ce qui se passait dans le village où il avait vécu.

Mais encore,
Il commande aux vents en toute saison.

Shou régit aussi d'autres capacités vitales,
Comme l'ouïe et la concentration de la pensée phénoménales.

Il a même le pouvoir
"D'ouvrir le sein maternel et de donner la vie",
Capacité qui découle de sa fonction d'*"ouvrir"* le ciel à l'infini.
En effet, les bras de Shou, colonnes d'air et de lumière, sous le regard
Soulèvent et soutiennent le ciel comme quatre piliers,
Faculté qui le met en paralléle avec Heh[67].

Rayon lumineux qui ouvre le chemin à Rê
Quand il voyage dans l'horizon sacré.
Contre les forces des ténèbres : Apophis[68].

---

[67] Le dieu Heh est, à partir du Nouvel Empire, issu de la fusion de deux divinités, l'une membre de l'Ogdoade d'Hermopolis (association de huit entités divines), qui joue un rôle essentiel dans la cosmologie d'Hermopolis, l'autre, le dieu du temps infini, le génie de l'éternité. La représentation de Heh en hiéroglyphes, à genoux les bras déployés soutenant le ciel, est utilisée pour représenter le million, lequel est considéré comme l'infini dans les mathématiques égyptiennes.

[68] Apophis (en grec ancien : Ἄπωφις ου Ἄποφις, ou Apopis ou Apofis, en égyptien : Apep ou Apepi ou Aapep ou Aapef) est un dieu de la mythologie égyptienne des forces mauvaises et de la nuit, personnification du chaos, du mal, de l'obscurité, cherchant à anéantir la création divine. Son nom *Aapep* ou *Aapef* (en égyptien ancien) signifiait « géant » ou « serpent géant ».

Ce rôle lui confère des fonctions royales à Héliopolis
Et Pharaon Horus incarné.

Le couple divin représente aussi les yeux de Rê :
Le soleil et la lune identifiés
Pareillement aux couronnes de Haute et de Basse-Égypte.

Le dieu est impliqué par ses nombreuses fonctions décryptes
Dans plusieurs mythes et narrations anciennes :
D'abord, il est un des éléments fondamentaux
De la cosmogonie héliopolitaine
Et du cycle de Rê.

C'est Chou qui sur ordre de son père
Sépara Geb et Nout : le bas et le haut[69].
Époux de Tefnout et frère
Jumeau.

Il participe avec Onouris, au mythe de la déesse lointaine
Et de son retour en Égypte ancienne,
Mythe qui se confond avec celui d'Hator-Tefnout et d'Isis-Sothis.

Fondamental dans le panthéon d'Héliopolis,
Shou est présent dans les manifestations religieuses
Durant toute la civilisation pharaonique.

---

[69] Lac entre la Terre et le Ciel.

Shou et sa puissance physique[70],
Le ciel, a incité la Grèce dans ses heures victorieuses
À le comparer à leur Héraclès et à Hercule chez les Romains[71].
(Les mythologies ne prennent jamais fin).

Le couple Shou-Tefnout est issu
De la *"flamme ardente d'Atoum"*, lorsque celui-ci nu
Fit jaillir son sperme lors d'un acte solitaire.

À partir de la première
Période intermédiaire,
Le travail de création
Nécessite la présence d'une partenaire féminine en complément de solution :
La déesse Djeretef[72], en référence à la pratique onaniste du dieu.

---

[70] *"Celui qui soulève"*.
[71] Mais pas à Atlas, car Atlas soutient la terre pas le ciel.
[72] Dont le sens littéral du nom est « sa main ».

Aussi dans les Textes des sarcophages[73] il est fait lieu
Que l'acte créateur n'est plus présenté comme une masturbation
Mais comme une copulation
Du dieu avec sa main.

Le sperme après éjaculation,
Se retrouve dans la bouche du dieu-roi
Dans laquelle s'opère une gestation,
Puis, dans un second temps, une naissance par crachat.
Puis advint, ce qu'il advint.

---

[73] Les Textes des sarcophages ou Textes des cercueils (anglais : Coffin Texts ; abrév. CT) sont un corpus de textes funéraires rédigés en hiéroglyphes cursifs sur certains sarcophages du Moyen Empire. Ils résultent d'une extension des rites funéraires jusque-là réservés au roi, et d'une utilisation des Textes des pyramides, auxquels s'ajoutent de nouvelles formules. Il s'agit de formules « magiques » destinées à préserver le mort, lors de son voyage vers l'au-delà, de la faim, de la soif et de tous dangers potentiels. On en a recensé au total près de mille cent quatre-vingt-cinq unités ou chapitres. Certaines comportent un titre écrit à l'encre rouge. La longueur de ces formules est très variable : si certaines ne sont qu'une simple phrase, d'autres forment de véritables paragraphes avec introduction et conclusion. Dans l'impossibilité d'inscrire tous les textes sur un sarcophage, le propriétaire du tombeau choisit les extraits qu'il souhaite y faire figurer.

Geb

Est le dieu de la Terre[74].
Il est le fils de Shou[75], et Tefnout[76] est sa mère.

Il est aussi le frère et l'époux de Nout : la déesse du ciel.

Geb et Nout furent si proches que rien ne pouvait s'interposer
Entre lui et elle.
Geb fut séparé de Nout par leur père Shou, mais grâce à une belle idée
De Shou ils réussirent
À s'unir
Et enfantèrent Osiris
Seth, Isis et Nephtys.

Une symbolique veut que Geb et Nout s'unissaient
Dans la nuit et son secret,
Pour être séparés
Par Shou au matin.

Dieu de la terre, des plantes et des minéraux terrestres et marins,
Geb donna à la terre ses fruits et son eau.
Laissant à sa sœur Nout, le royaume des cieux en cadeau.

Il est l'un des quatre éléments qui formèrent l'univers.

---

[74] Dans la mythologie égyptienne.
[75] Dieu de l'air.
[76] Déesse de l'eau.

La légende veut que les tremblements de terre,
Ont comme origine ses éclats de rire
Et peut-être l'arc-en-ciel comme sourire.

Geb est aussi le symbole de la royauté
Qu'il avait enlevée
De force à Tefnout, sa mère :
Elle se réfugia au sein de l'Énnéade et finit par lui céder
La place, en tant que roi.

Il devint ainsi de la mythique Égypte, le premier roi.
Et le nom de *"trône de Geb"* fut donné au trône de pharaon.
Il est représenté sous forme humaine avec l'idéogramme de son nom :
Posé en trois parties sur une perruque où est posée une oie.

Parfois debout avec un bâton dans sa main gauche
Et le symbole Ânkh de vie, dans l'autre main.

L'oie[77] est le symbole et l'ébauche
De son pouvoir quasi-divin.

Dans beaucoup de ses représentations,
Geb se trouve généralement couché sur le dos.
Le corps plein de frissons
Le regard levé vers le haut.

---

[77] L'ouette d'Égypte est devenue un symbole de prospérité, de sorte que la succession
d'un nouveau souverain était annoncée par quatre oies sauvages, libérées comme une
bénédiction d'un règne long et prospère.

Le corps nu de Nout, le ciel est arqué au-dessus de lui
De l'infini jusqu'à l'infini.

Sa peau est souvent verte, indication sur son rôle de dieu : de fertilité
De la végétation qui l'associe aux collines, aux montagnes et aux vallées.

Plus tard, il est également représenté, comme un taureau, ou un bélier,
Dieu de la mémoire et guide de la main des scribes.

Déesse du ciel
Nout fut considérée comme la mère de tous les astres de lumière.
Elle symbolise le firmament éternel,
La déesse Nout appartient en tant que déesse originelle
Au mythe de la création primaire.

Selon ce mythe, elle est la fille de Tefnout et de Shou
Sœur jumelle de Geb, qui est aussi son époux.

Ils forment ainsi les quatre éléments primordiaux et quelques merveilles
Elle est aussi la petite-fille d'Atoum, le dieu-soleil.

Jaloux de leur union Shou les avait séparé[78]
Pour une durée de trois cents soixante journées.

Nout réussit à gagner aux dés
(C'est ainsi qu'ils se firent la guerre)
Contre Thot, le dieu du temps, cinq jours supplémentaires.
Ce fut là, une grande félicité :
C'est durant ces cinq jours
Supplémentaires, qu'elle fit l'amour
Avec Geb, et donna naissance
Dans la bienveillance
À Seth, Osiris
Isis et Nephtys.

---

[78] Nout et Geb.

Nout incarne le ciel.
Entité éternelle,
Sa colère
Est le tonnerre.
Ses larmes sont la pluie ;
Son corps symbolise la voûte céleste du jour et de la nuit.

Le corps de Nout se déploya au-dessus de la terre[79]
Pour la protéger :
Ses membres qui devaient toucher
Le sol symbolisent les quatre points cardinaux
Qui servaient de repères à tous les vaisseaux.

Le soleil disparaissait le soir dans sa bouche
Pour voyager toute la nuit sur sa couche,
Dans son corps
Et au matin réaparaître à l'Est, dans son giron dans son éclat d'or.
Au cours d'un cycle éternel,
Les étoiles traversant également son corps pendant le jour.
Tel était le destin quotidien, de Nout, le ciel.
Qui n'avait pas peur de voir se succéder les nuits aux jours.

---

[79] Geb.

Le mythe de la naissance de ses enfants[80] jaillit
Lorsque le dieu-soleil enviait Nout pour sa vie
Sa présence éternelle dans les cieux
Et craignait qu'elle ne le défie pour s'emparer, heureux,
De son pouvoir.

C'est ainsi qu'il la maudit afin qu'elle ne puisse concevoir
D'enfants pendant
Trois cents soixante jours de l'an.

Le dieu Thot a cependant allongé
De cinq jours l'année
Pour permettre à Nout de concevoir ses enfants.

Certains égyptologues estiment que la déesse pourrait
Avoir symbolisé le ruban de la voie lacté.

De surcroît, elle est représentée
Pendant la période ramessade[81] avec des étoiles sur et autour de son corps.
Elle étincelle de beauté dans la lumière d'or.

---

[80] Documenté par l'auteur grec Plutarque.
[81] L'époque ramesside est une période de l'Égypte antique, subdivision du Nouvel Empire caractérisée par l'abondance de rois portant le nom de Ramsès. Cette époque est souvent nommée par l'adjectif ramesside qui devient un nom qualifiant la période. Elle s'étend sur les XIXe et XXe dynasties.

Ronald Wells a démontré
Que le ruban de la voie lactée[82]
Avait la forme d'une figure allongée,
Dont les bras et les jambes étendus touchaient l'horizon
Le sommet de la création.

C'est de cette manière que la déesse Nout fut reproduite.
C'est de cette façon qu'au monde, elle s'invite.

De même, le soleil aurait décliné au moment
De l'équinoxe de printemps
À l'endroit exact où la tête de cette figure se trouvait.

Nout est la partie du ciel traversée
Chaque jour et chaque nuit par le soleil.

---

[82] Pendant la période prédynastique au cours du solstice.

Osiris

Dieu du panthéon égptien et roi mythique
De l'Égypte antique :
Inventeur de l'agriculture et de la religion.
Son règne est bienfaisant et porteur de civilisation.

Il meurt noyé dans le Nil, assassiné
Dans un complot organisé par Seth, son frère cadet.

Malgré le démembrement de son corps,
Il parvient à vivre encore
Par la puissance magique de sa sœur Isis.

Le martyre d'Osiris
Lui vaut de gagner le monde de l'au-delà, dont il devient le souverain
Et le juge suprême des lois de Maât[83], respectées par les égyptiens.

Au Moyen Empire, la ville d'Abydos devient la cité du dieu Osiris
Elle attire ainsi selon la justice
De nombreux fidèles en quête d'éternité.

La renommée de cette cité
Repose sur ses festivités cultuelles du nouvel an
Et sur une sainte relique, la tête du dieu vivant.

---

[83] Les quarante deux Lois de Maât sont les lois issues de l'Egypte ancienne que vous devez respecter si vous voulez accéder à l'au-délà. Les quarante deux Lois de Maât n'est pas le titre original de ce texte. En effet, le papyrus de Nebseni liste ces "lois" sous le nom de La Confession Négative (Budge, 1898).

Durant le premier millénaire avant notre ère
Osiris conserve son statut de dieu funéraire
Et de juge des âmes.
Cependant, ses aspects de dieu des flots du Nil, en font le sésame
Du dieu de la fertilité
Et acquiert la primauté.

Des colons grecs installés à Memphis adoptent son culte[84],
Et les souverains Lagides importent ce culte
Dans leur capitale Alexandrie sous la forme de Sérapis,
Le dieu syncrétique gréco-égyptien : Osiris.

Après la conquête de l'Égypte que les forces romaines anéantirent
Osiris et Isis s'exportent vers Rome et son empire.
Ils s'y maintiennent avec des hauts et des bas[85]
Pour finalement être évincés par le christianisme et sa foi[86].

Les origines de son culte restent très obscures.
Le nom d'Osiris se repère pour la première fois depuis et perdure[87]
Par une fille de Khéphren, prêtresse d'Athor.

---

[84] Dès le IVème siècle avant notre ère sous sa forme locale de Osiris-Apis, le taureau sacré et momifié.

[85] Et ce jusqu'au IVème siècle de notre ère.

[86] Interdiction du paganisme à la suite de l'édit de Thessalonique.

[87] Dans une formule d'offrande adressée à Anubis.

La première représentation d'Osiris est lacunaire, car figurant
Sur un fragment
Du temple haut du roi Djedkarê Iséi en or.

Les Textes des Pyramides regroupent des incantations paranormales
Relatées lors des cérémonies funéraires royales.
Ces textes sont gravés sur les parois des chambres funéraires[88].

Avec cette documentation, on ne parvient guère
À déduire où et quand le culte osirien apparu.

Le chapitre deux cents dix-neuf évoque divers lieux de cultes connus
Situés dans plusieurs villes de la vallée du Nil dont Héliopolis,
Hermopolis Magna, Bousiris, Bouto et Memphis.

Le culte d'Osiris est pourtant introduit
Dans cette ville sous la Vème dynastie.

Abydos est pour le culte osirien le plus important
Lieu de pélerinage de tous les temps[89].

Les Textes des Pyramides mentionnent en effet
Que le corps du dieu assassiné
Fut retrouvé gisant près des rives du Nil sacré[90].

---

[88] À partir du roi Ounas, dernier membre de la Vème dynastie.
[89] Et particulièrement, à partir du Moyen Empire.
[90] À Nédit ou Géhésti, un territoire proche d'Abydos.

Plutarque est le premier à résumer
Le mythe osirien en un récit linéaire,
L'histoire débute par l'instauration mythique du calendrier solaire[91].

Osiris naquit le premier jour des cinq jours gagnés supplémentaires[92],
Horus l'ancien, le deuxième jour,
Seth, le troisième jour
En déchirant le ventre de sa mère ;
Isis, le quatrième jour dans des marais
(La déesse-magicienne était née !)
Et Nephtys le cinquième et dernier jour.

Plutarque ajoute que le véritable père d'Osiris et de Horus l'ancien
Serait Rê le divin,
Que le père d'Isis serait Thot et que seuls Seth et Nephtys
De Geb, seraient le fils et la fille.
Ainsi paraît l'origine d'Isis
Et sa famille.
Mais il indique aussi une autre version de la paternité d'Horus l'Ancien :
Avant même de naître Osiris et Isis, amoureux,
Auraient conçu Horus dans le sein de leur mère : son creux.

---

[91] De trois cents soixante cinq jours.
[92] Nout, la déesse du ciel a entretenu une relation amoureuse secrète avec Geb, son frère le dieu de la terre. Rê, le dieu-soleil, en apprenant ces agissements se met en colère et interdit à Nout d'accoucher durant les jours de l'année. Thot, l'autre frère de Nout, décide alors de jouer aux dés avec la lune pour lui gagner un soixante douzième de ses jours de lumière. Ayant gagné cinq jours supplémentaires, il les place à la suite des trois cents soixante jours créés par Rê.

64

Plutarque rapporte qu'Osiris enseigna à son peuple les manières civilisées
Afin que les Hommes ne ressemblent plus à des bêtes sauvages.
Il leur enseigna l'agriculture ainsi que le respect
Des dieux et des lois et de leurs différents présages.

"La maât est puissante,
Et de perpétuelle efficacité d'action, [vivante].
On ne peut la perturber depuis le temps d'Osiris, [le grand]
On inflige un châtiment
À celui qui transgresse les lois"[93].

Des lois reposant aussi sur la tête des rois.

La mort brutale du dieu Osiris
Et le processus magique de sa renaissance
Sont évoqués à plusieurs reprises
Dans les Textes des Pyramides, divisés en deux séquences :
La première évoque le martyre d'Osiris,
Les dieux viennent vers le corps d'Osiris, attirés
Par les lamentations d'Isis et de Nephtys,
Ils se frappent les cuisses,
S'ébouriffent les cheveux,
Battent des mains, tout en niant la mort d'Osiris, leur aimé.

On lui annonce que son meurtre est vengé par d'autres dieux[94].

---

[93] Enseignement de Ptahhotep. Extrait de la Maxime cinq.
[94] Isis et Nephtys.

Seth avait frappé
Et tué Osiris, comme un simple bovidé
Puis l'avait ligoté.

La suite de la récitation retrace la renaissance du dieu Osiris,
Dans le lac de la vie, le défunt prend la forme du dieu chacal Oupouahout, proche d'Anubis

Ses yeux lui sont redonnés sous la forme des barques du jour et de la nuit[95]
Les quatre enfants d'Horus ont participé
Au redressement d'Osiris et de son retour à la vie.

Osiris sort de la Douât[96] et monte vers Atoum en direction
De l'au-delà et de ses douze régions.

Osiris enseigna aux humains les rudiments
De la pêche et de l'agriculture,
Tandis qu'Isis les fit savants
De tissage et de sciences de la Nature[97].

---

[95] Soleil et lune.

[96] La Douât est — dans la mythologie égyptienne — le lieu de passage de Rê pendant les heures de la nuit, quand il voyage quotidiennement d'ouest en est, et c'est là qu'il doit lutter contre Apophis qui incarne le chaos primordial pour qu'il puisse se lever chaque matin et ramener la lumière et l'ordre sur la terre. Cette lutte se fait par l'entremise de sa fille Bastet, la déesse chatte contre le dieu-serpent géant. Par analogie, la Douât symbolise le séjour dans l'au-delà de l'âme des défunts après leur mort, en attendant qu'ils ressuscitent en même temps que le Soleil. Il s'agit d'un monde d'épreuves, divisé en douze heures. C'est un monde souterrain dans lequel les éléments ne sont pas conditionnés par l'espace-temps.

[97] Médecine.

Pendant ce temps, Seth régnait sur les contrées hostiles du désert,
Ainsi que sur les terres étrangères.

Seth, jaloux projeta l'assassinat de son frère pour s'emparer
Du trône d'Égypte qu'il convoitait :

Lors d'un banquet en l'honneur d'Osiris, Seth offrit
À l'assistance un magnifique coffre serti
Jurant de le céder à celui,
Qui l'emplirait parfaitement
En s'y allongeant.
Aucun de ceux qui tentèrent l'exploit ne réussirent.

Quand vint le tour d'Osiris, qui fut le seul à y parvenir
Seth fit refermer et sceller le coffre, tandis que ses complices
Chassaient les invités et tenaient à l'écart Isis.

Seth jeta le coffre dans le Nil, qui l'emporta dans la mer Méditerranée.
Osiris noyé,
Seth profita du meurtre pour asseoir
Sa domination sur le territoire[98].

Isis, la veuve éplorée
Rechersa à travers toute l'Égypte, le corps de son aimé
Et le retrouva à Byblos au Liban.

---

[98] L'Égypte.

Elle ramena la dépouille du roi assassiné
En Égypte, dans les marais du delta du Nil, se réfugiant.

Au cours d'une chasse nocturne dans les marécages
Seth, retrouva le corps haï de son frère,
Il entra dans une folle rage
Et découpa en quatorze morceaux, le corps parcellaire
Qu'il dispersa dans tout le royaume,
Sans se soucier de ses génomes.

Aidée de quelques fidèles dont Thot, Nephtys et Anubis
Elle retrouva les parties du dieu, (elle c'est bien sûr Isis)
Hormis son pénis[99].

Après en avoir reconstitué le corps,
Elle procéda à l'embaumement du mort
Avec l'aide d'Anubis en l'enveloppant dans des bandelettes de lin
Osiris allait connaître de nouveaux matins.

Isis bat des ailes en poussant
Des cris stridents
Pour insuffler la vie à Osiris, grâce à ses pouvoirs magiques.

Ranimé Osiris, ne revient pas sur terre mais règne désormais
Dans l'au-delà magnifique.

---

[99] Avalé par le poisson oxyrhynque.

Ainsi la renaissance du dieu assassiné
Annonce toutes les formes de renouveau,
Que ce soit dans la végétation ou chez les humains.
Le monde est potentiellement beau.

La mortalité des dieux égyptiens est souvent évoquée
Dans un cycle où mort et renaissance sont alternées.

Mais les documents égyptiens qui évoquent la fin des temps
Et la disparition finale des dieux sont peu nombreux cependant[100].

À la fin des temps, seuls Atoum et Osiris demeureront,
Osiris se lamente de devoir rester dans le monde de l'au-delà.

Atoum le console, en lui disant que le désert des nécropoles est sa possession
Et que son fils Horus règne sur les Hommes et perdurera :
"Tu es destiné à des millions de millions d'années,
Une durée de vie de millions d'années.
Mais moi, je détruirai tout ce que j'ai créé ;
Ce pays reviendra à l'état de Noun, à l'état de flot,
Comme son premier état.
Je suis ce qui restera,

---

[100] Le chapitre cent soixante quinze du Livre des Morts décrit pourtant très clairement cette situation.

Avec Osiris, quand je me serai transformé à nouveau
En serpent que les hommes ne peuvent pas [apercevoir],
Que les dieux ne peuvent pas voir"[101].

Les temples égyptiens étaient fermés au profane,
La statue du dieu restait cachée
Tout le long de l'année
Dans le naos ou saint des saints de l'édifice religieux,
Unique patrimoine
Offert par ce lieu.

Cependant le dieu sortait annuellement,
Cette sortie était le prétexte d'une grande fête ou lors
De quelques moments forts
Tout un chacun pouvait participer simplement.

---

[101] Christian Jacq, *L'Égypte pharaonique : un royaume de lumière*, Éd. E/P/A, Octobre 2022, 528 p., p.64.

Isis est une reine mythique
Et une déesse funéraire de l'Égypte antique.

Le plus souvent, elle est représentée
Comme une jeune femme coiffée
D'un trône ou, à la ressemblance d'Hathor.

L'astucieuse Isis
Est l'une des divinités de l'Énnéade d'Héliopolis,
Elle est la sœur et l'épouse du roi Osiris,
Le dieu-roi assassiné[102] :
Isis retrouve le corps d'Osiris,
Et le cache dans les marécages de Chemnis.

Durant une longue quête, Isis
Secondée par Nephtys,
Thot[103] et Anubis
Retrouve les membres disjoints
Et reconstitue le corps d'Osiris, et il redevint !

---

[102] Le meurtre d'Osiris se serait déroulé le 17 du mois d'Athyr (19 novembre) en la vingt-huitième année du règne d'Osiris.

[103] Thot représente l'intelligence divine et en incarne la parole. C'est le dieu de la Lune, le dieu des guérisseurs, le dieu des scribes et le patron des magiciens. C'est le maître de tous les arts, de la parole car son verbe est créateur, de la science des nombres et des signes.

Après avoir revifié Osiris,
Isis fait de lui le souverain éternel de la Douât éternelle
Un monde paradisiaque peuplé d'esprits immortels.
Pour assurer sa protection, elle le place
Sous la garde attentive du dieu canin Anubis,
Son fils adoptif, mais de sa race.

Isis sous la forme d'un oiseau-rapace
S'unit à la momie de son époux et conçoit Horus.
Élevé dans les marais de Chemnis
Et fortifié par le lait maternel d'Isis,
Et comme sorti de son utérus,
Horus parviendra à l'âge adulte.
On lui édifiera un culte.

Durant de nombreuses décennies Horus et Isis
Combattent Seth soutenu par Rê, assez mal disposé envers Horus.

Après de nombreuses péripéties,
Le fils d'Osiris et d'Isis réussit
À se faire reconnaître, comme le successeur légitime de son père,
Devenant ainsi le modèle du pharaon idéal
Celui-ci aura une destinée royale.

Isis devient, durant le Ier millénaire
Avant notre ère
Une déesse très populaire
À la puissance universelle[104]
Pour une durée inconditionnelle.

L'iconographie et le culte d'Isis
S'hellénisent et, par un rapprochement avec la quête de Perséphone par Déméter
Se créent les mystères d'Isis,
Organisés sous la forme d'un cérémonial empli de mystères,
Initiatique, progressif et secret.

Le souvenir d'Isis ne disparaît pas
Restant vif et vénéré de surcroît
Car il est entretenu par la scolastique monacale et universitaire.

La lecture des hiéroglyphes étant perdue, son image est biaisée
Mais pas dénaturée ;
Car uniquement perçue à travers
Le filtre des auteurs grecs et latins de l'antiquité tardive.

Vers la fin du moyen-âge, Isis devient un objet de curiosité furtive[105].

---

[104] Entre la fin du IVème siècle avant notre ère et la fin du IVème siècle de notre ère, le culte d'Isis se répand à travers le bassin méditerranéen et un nombre important de sanctuaires lui sont élevés en Grèce et en Italie.
[105] Par des érudits laïcs.

Au cours du siècle des Lumières, certains philosophes francs-maçons
Épris d'égyptomanie portent leur attention
Sur les mystères d'Isis et tentent de les réinventer
Dans le cadre des rituels de leurs loges initiatiques, secrets.

Les artistes et les poètes, quant à eux ont sans cesse spéculé
Sur le symbole de la déesse voilée,
Et fait d'Isis le symbole des lois cachées de la nature.

La personnalité d'Isis ne s'est toutefois pas débarassée de sa signature :
Son aura ésotérique longuement élaborée
Par les alchimistes et les mystagogues européens[106].

Le nœud Tyet[107] ressemble au nœud Ankn croix de vie, croix ansée[108],
Il est une amulette funéraire[109] considérée comme sacrée
Depuis l'Ancien Empire égyptien.

---

[106] Depuis le XIVème siècle.
[107] Nœud Tit ou nœud d'Isis.
[108] Croix de vie, clé de vie, croix égyptienne, croix du Nil.
[109] D'après le chapitre cent cinquante six di Livre des Morts, le symbole doit être confectionné en jaspe rouge.

L'amulette doit être suspendue au cou de la momie[110].
Le but est d'inviter la déesse Isis à prendre partie
Ainsi que son fils le dieu Horus à protéger
Magiquement le corps momifié
En faisant appel
À la fidélité maternelle[111] :

"Tu as ton sang Isis, tu as ton pouvoir magique,
Isis tu as ta magie [spécifique],
L'amulette qui est la protection de ce grand dieu,
Qui réprime celui qui lui cause du tort [et devient bien malheureux]".

Dans la pensée des Anciens Égyptiens,
Le nom d'un dieu ou d'un humain
Est intimement lié au Ka[112]
Et participe activement à l'existence de son possesseur.
Il s'agit là
D'un fragment de la mise en vigueur.

Aussi toute pratique magique
Repose sur l'utilisation bénéfique ou maléfique
Du nom de la personne visée.

---

[110] Grâce à un fil en fibre de sycomore.
[111] De la première, et à la fureur filiale et vengeresse du second.
[112] Élément constitutif de la personne représentant sa force vitale, dans la mythologie égyptienne.

Dans les rituels d'envoûtement
La destruction symbolique du nom revient clairement
À détruire l'âme et la personnalité même de son possesseur,
Fut-il un dieu, glorieux et vainqueur.

Le dieu solaire Rê fut contraint
À révéler à Isis, son nom secret,
La possession de ce mystérieux théonyme permet à la déesse de bénéficier
De ses pouvoirs vivificateurs et créateurs divins.

Par la suite, la déesse utilisera cette puissance magique
Pour redonner la vie à son époux Osiris, le bénéfique
Et pour guérir son fils Horus des nombreuses blessures
Causées par son rival Seth au pouvoir obscur.

L'action du mythe se déroule en un temps lointain
Où Rê vivait encore sur terre auprès des divinités et des humains,
Qui ne formaient alors qu'un seul et même peuple, une seule entité.

À cette époque, le dieu solaire ne bénéficiait
Pas encore de ses séjours nocturnes et souterrains
Dans la Douât, gage de ses perpétuelles renaissances matinales.
Son corps s'affaiblissait et le dieu sombrait dans l'univers du mal.

Un jour, la bouche du vieillard s'affaissa
Et laissa sa salive couler au sol simplement.

Discrètement, Isis récupéra
Le filet de salive et avec un peu de terre en fit un serpent.
Elle plaça le reptile près du palais royal
Et, lors d'une promenade, elle fit entrer le mal :
Le dieu solaire fut sévèrement
Mordu par le serpent.

Empoisonné, faible et fiévreux
Rê ne sut que faire, et malade et malheureux
Il fit venir auprès de lui les autres divinités
Pour être aidé.

Le pauvre Rê expliqua ses souffrances
À la déesse qui l'avait rendu sans méfiance.
Celle-ci lui dit :
"Dis-moi ton nom,
Mon père, un homme vit
Lorsque l'on récite son nom".

Mais le nom de Rê étant inaudible
Et indicible.
Rê étant le créateur de l'univers,
Il est de tous le père.
On ne sait réellement comment Isis parvient à être magicienne…

Table des matières